J. DE LA VAUDÈRE

# Le Modèle

## COMÉDIE EN UN ACTE, EN VERS

PRIX : UN FRANC.

PARIS

ALPHONSE LEMERRE, ÉDITEUR

23-31, PASSAGE CHOISEUL, 23-31

M DCCC LXXXIX

# Le Modèle

COMÉDIE EN UN ACTE, EN VERS

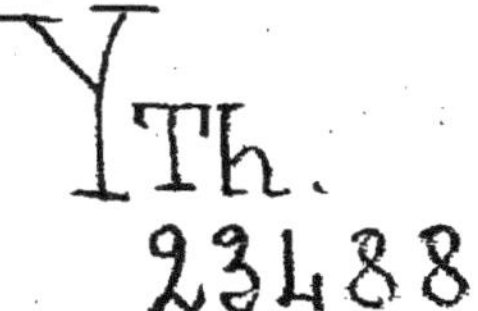

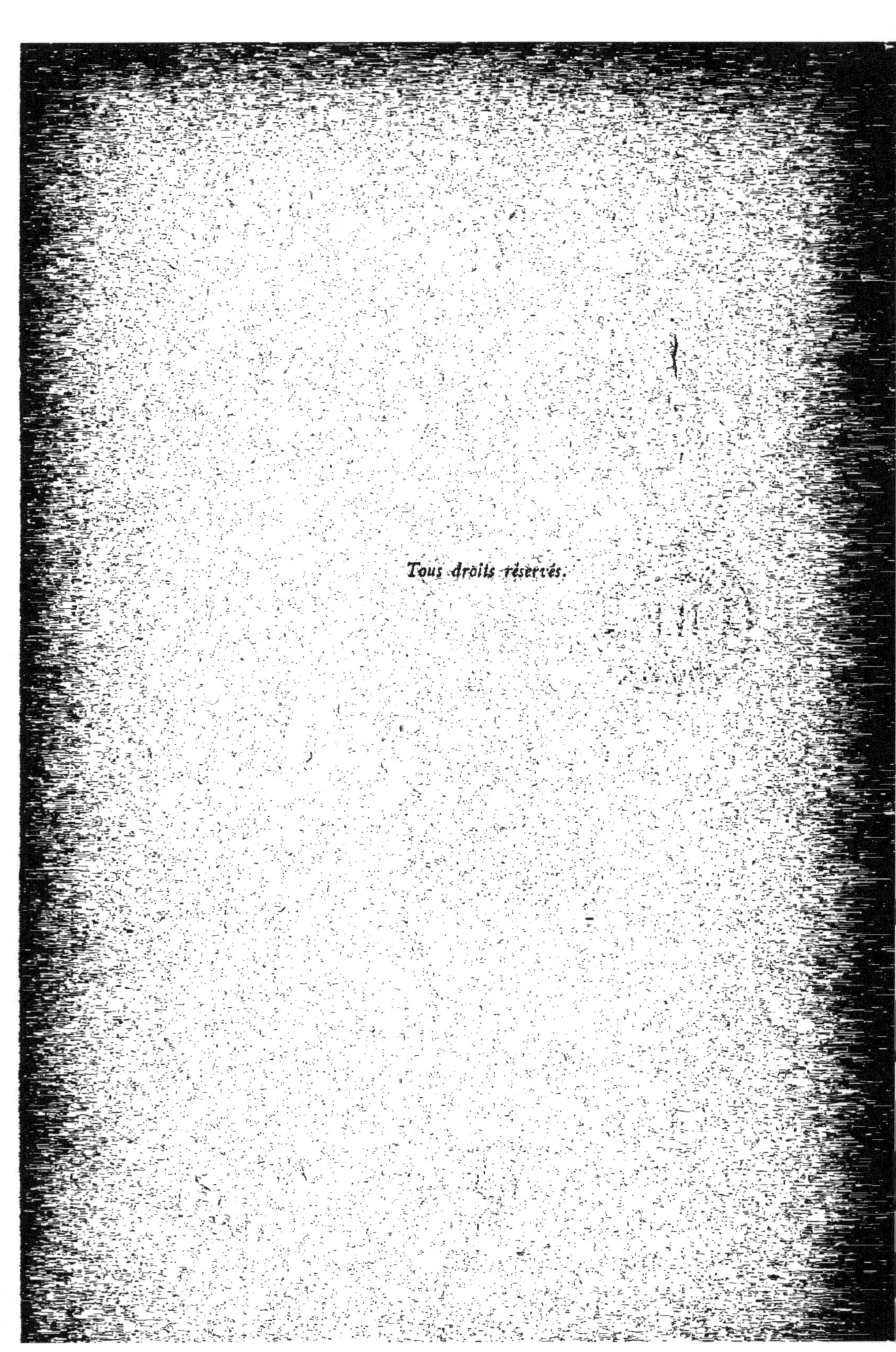

J. DE LA VAUDÈRE

# Le Modèle

## COMÉDIE EN UN ACTE, EN VERS

PARIS

ALPHONSE LEMERRE, ÉDITEUR

23-31, PASSAGE CHOISEUL, 23-31

M DCCC LXXXIX

PERSONNAGES

DANIEL

LAURENCE

# Le Modèle

Un élégant atelier de peintre. A gauche un chevalet avec une ébauche de femme. Une porte au fond.

## SCÈNE PREMIÈRE

### DANIEL, *seul.*

*Il est assis devant son chevalet, l'air accablé et le front dans ses mains.*

Rien ! rien, depuis un mois. Plus d'inspiration.
Mon art était ma joie et mon affection :
Mon cerveau dort et mes mains restent impuissantes !
Mon beau rêve n'a plus ses lueurs caressantes :

2

Je les évoque en vain, maudissant cette loi
Qui me rend malheureux en détruisant ma foi !
Chers rêves d'or ! jadis, vous éclairiez mes toiles,
Et moi, je me croyais le front dans les étoiles
En vous voyant si purs, en vous faisant si beaux ;
Et les amis disaient : — Ce sont de bons tableaux !
Ils me disaient aussi que j'avais du génie...
Se peut-il que déjà ma gloire soit finie !
Depuis un mois je ne fais rien, et ma douleur
Me fait monter aux yeux l'amertume du cœur.
Le dégoût et l'ennui m'accablent sans relâche,
Je ne puis les chasser... Je crois que je suis lâche !

*Se levant.*

Pourtant, que faudrait-il pour être heureux encor,
Retrouver la pensée et son ardent essor ?

*Montrant la toile inachevée.*

Finir ceci, finir cette étude de femme : —
Quand je la commençais, je sentais que mon âme
Rayonnait dans mon œuvre ainsi qu'un doux flambeau ;
Mais, sans avoir vécu, cette œuvre est au tombeau.
D'autres sœurs l'ont suivie, en ces jours de tristesse.
Je reste dans le deuil, la nuit et la détresse.

*Une pause.*

Mais toujours nous partons, dans notre espoir hâtif,
Ne voyant pas que le pinceau reste rétif ! —
Le peintre a dans son cœur une sublime image
Qu'il adore, en tremblant, heureux comme un roi mage
Devant l'enfant Jésus. Mais son étoile a fui,

Le miracle a cessé bientôt ; le peintre, lui,
Se croit toujours perdu dans son flot de lumière
Et poursuit, insensé, son ivresse première.
Enfin, l'ombre a gagné : partout elle s'étend...
Et l'artiste, anxieux, croise les bras, attend...
Alors, il faut se rendre à la force cruelle ;
Car le cœur s'obscurcit ainsi que la cervelle :
Furieux, nous jetons la toile et les pinceaux,
Et puis un froid mortel nous glace jusqu'aux os !

*Montrant le tableau.*

Je croyais accomplir la grande œuvre maîtresse
Qu'on soigne avec amour, que le regard caresse,
Et qui nous prend alors, au plus profond du cœur,
Comme l'enfant chéri qui fait notre bonheur.
Être au-dessous de soi, c'est le pire supplice !
Après le vin de feu que versait le calice,
C'est la lie amassée et qu'on retrouve au fond,
C'est l'amertume enfin, l'insuccès qui confond !

*Regardant la toile.*

Non, tu ne seras pas !... Péris donc, pâle ébauche
Que mon cœur énervé, dans un jour de débauche,
A rêvée éternelle, a commencée heureux,
Parce qu'à ce moment il était amoureux...

Amoureux !... Amoureux d'une femme ou d'un songe ?
Tous deux, hélas ! ne sont que clarté, que mensonge !
Les pleurs que nous versons nous rougissent les yeux,
Mais ne nous rendent pas notre soleil joyeux.

*Mettant la main sur l'image.*

Péris donc dans mon âme et péris dans mon œuvre,
Femme au cœur de tigresse, aux grâces de couleuvre !
Je voudrais te broyer, t'écraser sous mon pié,
Avec la même ardeur et sans plus de pitié !

*Il renverse le chevalet et met le pied sur la toile. Laurence, au dehors, frappe à la porte. Daniel reste silencieux, indécis. Laurence frappe encore.*

DANIEL.

Entrez, que voulez-vous ?...


## SCÈNE II

## DANIEL, LAURENCE.


LAURENCE *entre timidement : robe noire très pauvre ; grands cheveux blonds.*

Pardon, je vous dérange ?...

DANIEL, *sans se retourner.*

Je suis découragé, e suis d'humeur étrange ;
Passez votre chemin, je ne travaille pas !

LAURENCE.

Rien qu'un mot seulement, Monsieur ; vous êtes las ?...

Moi de même... Et toujours vous souffrez ?... Moi de même...
Mais, pour moi, c'est la fin, c'est la lutte suprême !

DANIEL, *se retournant.*

Vous pleurez, mon enfant ?...

*Se rapprochant.*

Vous avez des tourments,
Et dans vos yeux d'azur brillent deux diamants ;
Mais ces joyaux d'amour vous rendent plus jolie !
Souffrir à dix-sept ans. Ah ! c'est de la folie !...

*Avec amertume.*

Quand on n'a qu'à passer, le soir, dans les chemins,
Pour ramasser des fleurs et de l'or plein les mains !

LAURENCE, *tristement.*

Oh !...

DANIEL, *ironique.*

Vous êtes trop jeune et commencez à peine ;
Très modeste aujourd'hui, demain vous serez reine,
Et vous ferez mourir vos sujets insoumis,
Méprisant vos amants, dédaignant vos amis,
Sans leur laisser jamais ce pur lambeau de l'âme
Que le passé, pour nous, dévore de sa flamme !
Non ! vous ferez trembler, au miroir du ruisseau,
Votre plumage en deuil, comme un petit oiseau
Qui se mire, joyeux, dans les fanges immondes...
Le noir, vous le savez, poétise les blondes !

LAURENCE, *douloureusement.*

Ah ! c'est trop m'outrager ! Monsieur, regardez-moi !
Ne voyez-vous pas, à mes pleurs, à mon émoi,
Que vous vous méprenez ?

DANIEL.

         Expliquez-vous, ma mie :
Je suis, vous le voyez, rempli de bonhomie,
Prêt à vous écouter.

LAURENCE.

         Je vais, en peu de mots,
Vous confier alors la cause de mes maux.
Je suis très pauvre et cherche à servir de modèle.
Je me contenterai de peu... Je suis fort belle,
M'a-t-on dit ; pourtant, ce don m'est indifférent.
Que je ne garde pas la main vide, en rentrant,
Et je vous bénirai, Monsieur ! Voyez mes larmes.
Donnez, en travaillant, et, malgré mes alarmes,
Je saurai surveiller le rameau frais éclos.
A nous deux nous ferons de beaux et bons tableaux !

DANIEL.

C'est la première fois que vous passez la porte
D'un atelier de peintre ?

LAURENCE.

         Oui... Si je vous apporte
Le printemps de ma vie et l'hiver de mon cœur,

Vous prendrez le printemps qui restera vainqueur,
Fixé par vos pinceaux...

DANIEL.

Mais d'où viens-tu, mignonne,
Pour avoir tant appris?

LAURENCE.

La souffrance me donne
Les inspirations: je ne sais rien de plus.

DANIEL, *à part.*

Je n'ose croire encor que dans ce cœur reclus
Vienne un nouveau rayon...

*Prenant Laurence par la main et l'examinant.*

O les beaux regards sombres,
O les belles clartés, ô les superbes ombres!
Et ces lourds cheveux d'or amassés sur ton front
Qui nimbent chastement ton fin visage rond,
Ces cheveux qui te font les chairs plus lumineuses
Que la neige du ciel des blanches nébuleuses!...
Je pourrais t'adorer!...
Mais tu n'es qu'une enfant.
Avant de se livrer mon âme se défend.
L'amour est mort, hélas! Il ne doit pas renaître
Parce qu'un papillon a franchi ma fenêtre!
Et puis, j'ai trop souffert...
Je veux jouir, enfin!
Boire et manger en paix, quand j'aurai soif et faim!

LAURENCE, *se dirigeant vers la porte.*

Adieu, Monsieur.

DANIEL.

Tu pars?

LAURENCE.

Je ne suis pas utile :
Vous ne travaillez plus.

DANIEL, *à part.*

O la ruse subtile !
Elle me tient déjà.

*S'adressant à Laurence.*

Pendant un jour entier,
Si frêle, tu pourrais faire ce dur métier ?

LAURENCE.

Essayez.

DANIEL.

Mais il faut demeurer impassible,
Debout, sur ces tréteaux, droite comme une cible,
Ou se courber soumise, et tant que je peindrai.

LAURENCE.

Je resterai debout ou je me courberai,
Selon votre désir.

### DANIEL.

Il faut être docile,
Et la pose à garder est souvent difficile.
Il ne faut pas non plus avoir l'esprit ailleurs :
Les modèles chagrins ne sont pas les meilleurs.

### LAURENCE, *souriant*.

Eh bien ! je serai gaie !

### DANIEL.

Oh ! que vous êtes belle !
Combien votre candeur m'est étrange et nouvelle !...
Et vous vous appelez ?

### LAURENCE.

Laurence.

### DANIEL.

Un nom charmant
Et fait pour être dit dans les bras d'un amant.
Je ne sais rien de vous, mais vous êtes exquise
Dans votre pauvreté digne d'une marquise.
C'est un songe, vraiment ! Je vois la reine Mab
Qui vient me visiter, me croyant un nabab !
Approchez-vous de moi... Levez votre paupière...
Après tout, voyez-vous, je ne suis pas de pierre
Et pas aussi brutal que j'en ai l'air, parfois.
J'ai connu des chagrins les implacables lois ;
Mais mon âme n'est pas couverte d'une armure,

La tendresse aujourd'hui s'y réveille, murmure
Et proteste tout bas...

*Lui prenant la main.*

         Je crois que nous pourrons
Être heureux tous les deux quand nous nous aimerons.
Pour moi, c'est déjà fait ! Mon cœur est en voyage
Comme un oiseau géant au pays du nuage.
Il est amoureux fou de vos dix-sept printemps :
Mignonne, écoutez-le !
         Les hommes inconstants
Ne parlent pas ainsi. Moi, je hais ce qui passe,
Avide de beauté, de bonheur et d'espace.
Je vous crois douce et pure, et je vous veux ainsi.
Laurence, dites-moi, me voulez-vous aussi?...

LAURENCE.

Non, Monsieur. Nous suivons une route contraire :
Vous allez au succès, moi je vais au calvaire !
Partout vous trouverez le plus flatteur accueil;
Moi, je ne trouverai bientôt plus qu'un cercueil !

DANIEL.

Pourquoi, sur votre front, cette triste pensée?...
La mort laisse parfois la fauvette blessée,
Afin que la petite, en son amour touchant,
Veille sur l'oiselet et réponde à son chant...
Veillez sur ma faiblesse et soyez généreuse,
Car votre vieil enfant vous rendra bien heureuse ! —
L'art m'a trahi. Je suis triste jusqu'à la mort
Et n'ai plus de courage à tenter un effort !

*Passant la main sur son front, comme pour chasser sa
tristesse.*

Nous fuirons Paris, et, dans la campagne verte,
La route de l'oubli me sera tout ouverte...
Si le chemin est dur, nous chercherons ailleurs
Un nid pour nos baisers, qui seront bien meilleurs
Au milieu de la mousse et dans la clarté blonde.
La nuit, nous chanterons accompagnés par l'onde ;
Ta voix doit être douce, en cette paix du soir,
Quand les calices blancs lèvent leur encensoir.
Le Seigneur se dira : c'est la voix de mes anges
Qui se mêle à la myrrhe et redit mes louanges !
Puis, son œil nous cherchant dans le petit chemin,
Pour nous bénir tous deux il étendra la main.
En route pour l'amour, ma compagne chérie,
Et tu me guideras dans ma douce féerie ;
Tes désirs, quels qu'ils soient, seront toujours les miens...
Nous serons des seigneurs ou des bohémiens !

*Il la prend dans ses bras.*


LAURENCE.

Non !... non, je ne veux pas... laissez-moi !


DANIEL.

                              Ma Laurence !
N'auras-tu donc jamais pitié de ma souffrance !...
Je croyais que le ciel t'envoyait pour calmer
Ma torture, et je t'aime, et veux toujours t'aimer !

*Lui prenant la main et la mettant sur sa poitrine.*

Sens comme mon cœur bat... Sois bonne, sois clémente!
Ah! que tu ferais donc une divine amante!...

*Il veut l'embrasser.*


LAURENCE, *résistant.*

De grâce, laissez moi...


DANIEL.

Fuyons, je ne sais où...


LAURENCE.

Hélas!


DANIEL, *la repoussant violemment.*

Eh bien! va-t'en! Ah! je ne suis qu'un fou :
Et je n'ai même pas l'amour de cette fille!
Plus d'espoir! plus d'amour!... Elle aime sa guenille,
Cette enfant du ruisseau! Moi, je n'aime plus rien!...
Tu peux partir, la belle. Adieu. Porte-toi bien!

*Il ouvre la porte et lui fait signe de sortir.*


LAURENCE.

Raillez, et chassez-moi. Votre peine est amère,
Tandis que ce dépit ne serait qu'éphémère...

*Daniel tombe accablé sur une chaise.*

Écoutez mon histoire. Elle est triste, et je crois
Le poids de ma douleur plus lourd que votre croix.

Quand mon père mourut, j'étais toute petite.
Lui seul gagnait du pain.
                        Nous n'eûmes plus de gîte.
Et lorsque le convoi, tout seul, s'achemina
Vers le champ du repos, ma mère m'emmena
Puis, suivit le cercueil, pleurant, à moitié morte !
La sainte et douce femme, hélas ! n'était pas forte.
Cependant, dès ce jour, son labeur courageux
Nous soutint. Ses cheveux devenaient tout neigeux ;
Plus douloureux, toujours, se faisait son visage ;
Des pleurs mal essuyés l'on voyait le passage ;
Mais, en travaillant bien, elle arrivait encor
A mettre un ruban bleu dans mes longs cheveux d'or.
Je fus instruite aussi : l'on m'apprit bien des choses ;
Mais, hélas ! pour ne pas abîmer ses doigts roses,
Ma mère ne voulut jamais que son enfant
Connût les lourds fardeaux du travail étouffant.
Pour elle la fatigue, et pour moi la paresse !
Je ne comprenais pas tout ce que sa caresse,
Pour être si légère, avait coûté d'efforts !
Je grandissais, enfin, sans soucis, sans remords...

        *Après un silence.*

Je devenais très belle et j'en étais heureuse !...
Ma pauvre mère avait toujours une toux creuse,
Mais son sourire était si tranquille et si doux
Que je ne pouvais croire alors, comprenez-vous,
Qu'elle fût si malade !
                        Il n'était pas possible
Que Dieu, du haut des cieux, demeurât impassible.

Quand renaissaient partout les oiseaux, les lilas...
Le baiser de ma mère était toujours plus las !
L'autre matin, malgré mon aveugle espérance,
Elle s'est mise au lit, et telle est sa souffrance,
Qu'avec tout son courage, elle pleure.
                            Alors, moi,
Je me suis prosternée, en voyant cet émoi,
Implorant le Seigneur pour qu'il vienne à mon aide,
Car, hélas ! Monsieur, tout le peu que je possède
A payé le docteur.
                   Je n'ai plus qu'à mourir,
Ma pauvre mère a faim ! je ne puis la nourrir !...
Mais c'est dur de mourir quand on est jeune et belle !
Vous avez un grand cœur, le cœur n'est pas rebelle
A l'infortune vraie, et, d'ailleurs, vous cherchez
Un modèle nouveau, m'a-t-on affirmé chez
Les voisins ?
           Me voici.
                    Je suis bien plus robuste
Que vous ne le pensez. Je poserai le buste,
La tête, l'ensemble... et vous serez satisfait
D'avoir loyalement accompli ce bienfait.
Voulez-vous recueillir la jeune abandonnée...
Protéger cette fleur qui ne s'est pas fanée ?...
Ah ! ne me chassez pas ! Je tombe à vos genoux,
Monsieur, je vous supplie ! ayez pitié de nous !

                  *Elle se met à genoux devant Daniel.*

               DANIEL.

Pauvre enfant !

LAURENCE, *à genoux.*

Oh ! oui, vous soutiendrez mon courage !
Mais vouloir mon amour me serait un outrage,
Car si je meurs de faim, j'ai du moins mon honneur.
La honte et son paiement détruisent tout bonheur !

DANIEL.

Cette vibrante voix me touche et me pénètre
Comme le rayon d'or entrant par ma fenêtre !
Je me sens devenir et plus jeune et plus gai,
Mon pauvre cœur fleurit, comme le mois de mai.

LAURENCE, *joignant les mains.*

Ah ! m'entendez-vous ?...

DANIEL, *la relevant.*

Oui.—Relevez-vous, Laurence.
Je tâcherai du moins, pour votre délivrance,
Votre tranquillité, de vous faire accepter
Un modeste secours.

*Sur un mouvement de Laurence.*

Oh ! c'est pour acheter
Des petites douceurs à votre pauvre mère.
Ma blonde enfant, pourquoi cette pensée amère
Vient-elle vous troubler ?... Ce n'est plus qu'un ami
Qui veut vous consoler... Un artiste blêmi
Par l'effort impuissant, mais qui, dans sa tristesse,

N'a pas encor perdu toute délicatesse...
Acceptez cette bourse, et ne m'oubliez pas.

*Il lui offre la bourse.*

LAURENCE.

Non. Je ne puis...

DANIEL.

Enfant ! vous porterez vos pas
Dans d'autres ateliers. Vous êtes trop jolie
Pour ne pas en souffrir, et c'est de la folie
De s'exposer ainsi !

LAURENCE.

Mais, si j'ai la beauté,
Vous avez le talent avec la loyauté !
Gardez-moi près de vous, et peignez mon visage :
Je gagnerai ma vie et je resterai sage.
Le voulez-vous ?

DANIEL, *douloureusement.*

Hélas ! je ne travaille plus !
Je ne le pourrais pas, mon génie est perclus !
Avant votre arrivée en ce lieu d'amertume,
Je me frappais le front comme on frappe l'enclume,
Et sans que l'étincelle en pût enfin jaillir !
Sans qu'un souffle me fît même encor tressaillir !...
Non ! tout est mort.

LAURENCE.

Cherchez, vous trouverez peut-être !
Nous chercherons à deux, ô mon cher et grand maître !

A votre âge le mal n'est pas enraciné ;
Quand le cœur est atteint il n'est pas calciné !
Aux baisers du printemps il renaît de sa cendre,
Pourvu que les baisers en lui puissent descendre.
Ouvrez-le bien, ce cœur, le cœur c'est le talent
Qui fait tout refleurir comme un soleil levant !

DANIEL.

Que ta parole est douce !

LAURENCE.

           Écoutez-moi : je chante
Le renouveau, je dis ce qui sur terre enchante,
Et, pourtant, je suis triste et mes jours sont des nuits.
Mais je n'ai pas jeté la branchette de buis !
Je crois que le Seigneur protège l'innocence,
Je crois à sa bonté, je crois à sa puissance,
Et je veux vous donner un peu de cette foi.
Travaillez donc pour vous ou travaillez pour moi !
Je veux ressusciter le pauvre grand artiste
Que son ange abandonne et qui demeure triste.
Mais son front lumineux garde le feu divin
Et cette flamme-là ne brille pas en vain !

DANIEL.

Quoi ! je pourrais encor m'attacher à la vie,
Et retrouver cet art que maintenant j'envie ?...

LAURENCE.

Mais oui, vous le pourriez.

DANIEL.

Non, ce temps est passé !
J'ai cherché, ce matin, le charme trépassé
Qui guidait mon pinceau. J'ai repris cette toile
Qui devait triompher et devenir l'étoile
D'un horizon nouveau... Je prenais mon essor,
Mais un souffle a passé sur l'étincelle d'or !...
Alors, vous le voyez, j'ai détruit mon ouvrage,
Pour apaiser du moins mon impuissante rage.

LAURENCE, *relevant la toile.*

Quoi, ce tableau...

DANIEL.

N'était qu'un rapide croquis ;
Mais, je croyais pouvoir faire un poème exquis ;
Poème de la femme avec ses chairs de neige,
Poème de l'amour que la femme protège !
Je ne peux plus !

LAURENCE.

Eh bien ! nous essaierons aussi...

*Elle s'éloigne et prend la pose de la figure ébauchée.*

Tenez, je prends la pose : est-ce comme ceci ?...

*Elle défait ses longs cheveux qui tombent sur ses épaules.*

DANIEL.

Mais vous êtes un ange ou bien une madone !
Je redeviens croyant, que Satan me pardonne !

Toutes les fleurs du ciel fleurissent dans mon cœur,
Et je me sens rempli d'un courage vainqueur.
Nous irons, tous les deux, vers la gloire inconnue.
Je vous avais montré mon âme triste et nue,
Mais vous la recouvrez d'une armure de fer,
Et, soutenu par vous, je braverai l'enfer!
J'étais sur un abîme, en proie aux noirs vertiges,
Mon trouble a disparu sans laisser de vestiges!
C'est le soleil, le feu radieux du devoir!
Pour le connaître enfin, il m'a fallu vous voir.
Ah! l'homme est peu de chose, éloigné de la femme,
Car toutes ses clartés viennent de cette flamme :
L'Amour! qu'il soit divin ou qu'il soit mécréant,
L'amour seul, ici-bas, fait le talent géant!
Ne craignez rien, enfant, vous serez mon bon ange,
Et je vous offrirai mes succès en échange.
Vous serez la prière et la foi de Daniel,
Car vôtre cœur est doux comme un rayon de miel!

*Il ramasse ses pinceaux et prend sa palette.*

Tenez, je prends pour vous mes pinceaux, ma palette...
Combien je vous bénis!... Mais, vous restez muette...
Et vos yeux vont pleurer!... Encor quelque douleur?...

LAURENCE, *avec un sanglot.*

Non!... Si je pleure encor, ce n'est que de bonheur!...

*Achevé d'imprimer*

le quatre mars mil huit cent quatre-vingt-neuf

PAR

ALPHONSE LEMERRE

(Aug. Springer, *conducteur*)

25, RUE DES GRANDS-AUGUSTINS, 25

*A PARIS*

# POÈTES CONTEMPORAINS

Volumes in-18 jésus, imprimés en caractères antiques sur beau papier vélin. Chaque volume, 3 francs.

| | | |
|---|---|---|
| Louis Salles | Les Amours de Pierre et de Léa | 1 vol. |
| — — | La Vie du cœur | 1 vol. |
| — — | Les Fantasmagories | 1 vol. |
| Anaïs Segalas | Poésies pour tous | 1 vol. |
| Louisa Siefert | Rayons perdus | 1 vol. |
| — — | Les Stoïques | 1 vol. |
| — — | Comédies romanesques | 1 vol. |
| Armand Silvestre | Les Renaissances | 1 vol. |
| P. de Simard-Pitray | Orties blanches | 1 vol. |
| Laurent Tailhade | Le Jardin des rêves | 1 vol. |
| André Theuriet | Le Bleu et le Noir (épuisé) | 1 vol. |
| — — | Le Chemin des bois (épuisé) | 1 vol. |
| — — | Le Livre de la payse | 1 vol. |
| Thilda | Les Froufrous | 1 vol. |
| Louis Tiercelin | Les Asphodèles | 1 vol. |
| — — | L'Oasis | 1 vol. |
| Paul de Tournefort | Les Traversées | 1 vol. |
| — — | L'Immortelle Chanson | 1 vol. |
| Frédéric Turrière | Çà et là | 1 vol. |
| Hélène Vacaresco | Chants d'Aurore | 1 vol. |
| Antony Valabregue | Petits Poèmes parisiens | 1 vol. |
| Marie de Valandré | Au bord de la Vie | 1 vol. |
| Léon Valade | A mi-côte | 1 vol. |
| Valibouze-Ribes | Par ci, par là | 1 vol. |
| Maurice Vaucaire | Arc-en-Ciel | 1 vol. |
| — — | Effets de Théâtre | 1 vol. |
| Valentin | Poésies | 1 vol. |
| J. de La Vaudère | Les Heures perdues | 1 vol. |
| Della Rocca de Vergalo | Le Livre des Incas | 1 vol. |
| Emile Verhaeren | Les Moines | 1 vol. |
| Paul Verlaine | Poèmes saturniens | 1 vol. |
| Gabriel Vicaire | Le Miracle de Saint Nicolas | 1 vol. |
| Paul Y. | Un Deuil | 1 vol. |
| Jean de Villeurs | Songes bleus | 1 vol. |

Philippe Gille. — L'Herbier. Un volume in-4° . . . . . . . 4 fr.

Paris. — Imp. A. Lemerre, 25, rue des Grands-Augustins.

www.ingramcontent.com/pod-product-compliance
Lightning Source LLC
Chambersburg PA
CBHW051400050726
47595CB00006B/2637